Die Schatten der Macht : Strategien zur Massenmanipulation

Maxime STONE

Präambel

Bevor wir in die komplexen Windungen der Strategien zur Massenmanipulation eintauchen, halten wir es für unerlässlich, den Grundstein für unsere Erkundung anhand einer fesselnden Allegorie zu legen: der Geschichte von Baron Cunning. Diese kurze Geschichte, die unserem Buch vorangestellt ist, dient nicht nur der Unterhaltung. Sie ist ein Eingangstor, eine lebendige Illustration der Konzepte, die wir untersuchen werden.

Die Geschichte von Baron Cunning mit ihren Intrigen und Manövern dient als roter Faden, um die verschiedenen Strategien der Manipulation einzuführen. Jedes Kapitel seines Abenteuers entspricht einer bestimmten Taktik, wodurch die abstrakten Konzepte konkreter und zugänglicher werden. Während der Leser den Abenteuern des Barons folgt, erfährt er, wie Ablenkung, das Schaffen von Problemen, das Ansprechen von Emotionen und andere Taktiken in einem erzählerischen Kontext eingesetzt werden.

1.   Ablenkung und Ablenkung der Aufmerksamkeit

Der Frühling war in der Stadt angekommen und brachte einen Hauch von Neuanfang mit sich. Die Bäume knospten, die Vögel zwitscherten und die Passanten zeigten ein Lächeln. Doch das Haus von Baron Cunning im Herzen der Stadt war immer noch in eine trübe Atmosphäre gehüllt. Der Baron saß in seinem Arbeitszimmer und grübelte vor sich hin.

Der Grund für seine Laune war ein kürzlich in der Zeitung erschienener Artikel, in dem die miserablen Arbeitsbedingungen angeprangert wurden, die den Angestellten seiner Manufakturen zugefügt wurden. Was für ein Gift diese Journalisten mit ihrer Manie, selbst die bestgehüteten Geheimnisse enthüllen zu wollen! Der Baron war wütend, dass man den Ruf eines angesehenen Mannes seines Ranges so beschmutzen konnte.

Die Schatten der Macht: Strategien zur Massenmanipulation

Während er grummelnd durch den Raum lief, hatte der Baron plötzlich eine Erleuchtung. Natürlich war es das! Die Lösung lag die ganze Zeit vor seiner Nase. Anstatt diese peinlichen Enthüllungen zu bekämpfen, wäre es nicht besser, sie... vergessen zu machen? Die Öffentlichkeit ablenken, ihre Aufmerksamkeit auf andere Dinge lenken, und schon wäre die Sache erledigt.

Der Baron rief sofort seinen Sekretär zu sich. Er diktierte ihm eine Anzeige, die in allen Zeitungen erscheinen sollte und in der die baldige Eröffnung eines neuen Vergnügungslokals unter seinem Namen angepriesen wurde, das "das großartigste, das die Stadt je gesehen hat" sein sollte. Ball, Glücksspiele, Shows - alles würde zusammenkommen, um die guten Leute zu unterhalten.

Einige Tage später hatte die Ankündigung ihre Wirkung getan. Die Leute sprachen von nichts anderem mehr als von diesem fantastischen Vergnügungsraum. Es wurde viel über die Ausstattung und die Künstler, die dort auftreten würden, getratscht. Sogar die Zeitungen wetteiferten mit ihren enthusiastischen Spekulationen.

Dann begannen seltsame Gerüchte zu kursieren. Baron Cunning ließ angeblich niemanden auf die Baustelle lassen. Es hieß, dass die Arbeiter, die dort arbeiteten, Tag und Nacht eingesperrt waren und nicht einmal ihre Familien sehen durften. Einige berichteten, sie hätten Schmerzensschreie gehört, andere behaupteten, sie seien angekettet worden, um sie an der Flucht zu hindern...

Bald waren diese alarmierenden Geschichten in aller Munde. Man empörte sich über die Behandlung dieser unglücklichen Menschen und forderte ein Eingreifen der Behörden. Baron Cunning musste einen öffentlichen Auftritt hinlegen, um diese "unwürdigen Verleumdungen" zu entkräften. Und die Sache mit den misshandelten Manufakturen geriet schnell in

Vergessenheit. Zur Erleichterung des Barons hatte die Maskerade perfekt funktioniert. Indem er den glitzernden Köder in die nach Unterhaltung lechzende Menge warf, lenkte er ihre Aufmerksamkeit so ab, wie er es wollte. Eine Manipulation, die den größten Strategen würdig war...

2.   Probleme schaffen und dann "Lösungen" anbieten

Baron Cunnings Strategem, die öffentliche Meinung abzulenken, war vollkommen erfolgreich gewesen. Seine Ruhe war jedoch nur von kurzer Dauer. Immer wieder erschienen neue Artikel, in denen Baron Cunning beschuldigt wurde, mit Lebensmitteln zu spekulieren, um in den Armenvierteln eine Hungersnot auszulösen. Wütend berief der Baron erneut seinen Sekretär ein. Ein neues Ablenkungsmanöver musste her.

Diesmal beschloss er, selbst ein Problem zu schaffen, um sich dann bei den kleinen Leuten als Retter aufzuspielen. Der Baron ließ das Gerücht verbreiten, dass die Ernte in diesem Jahr schlecht ausgefallen sei. Bald stieg der Preis für Brot in die Höhe und wurde für viele Familien unerschwinglich. Die Schlangen vor den Bäckereien wurden immer länger.

Die Not der Ärmsten war am größten, als der Baron ankündigte, dass er künftig in Läden, die seinen Namen trugen, Brot zu niedrigen Preisen verkaufen würde. Was für eine Fügung, dass dieser reiche Mann bereit war, ihnen zu helfen! Die Leute segneten den Namen des Barons und lobten seine unermessliche Großzügigkeit. Und die unangenehmen Fragen über seine Machenschaften hörten wie von Zauberhand auf.

3. an das Gefühl statt an das   Denken appellieren
Leider machte Baron Cunning, berauscht vom Erfolg seiner Manipulationen, einen verhängnisvollen Fehler. In dem Bestreben, sein Industrieimperium weiter auszubauen, kaufte er eine Reihe von mangelhaften Textilfabriken auf und missachtete alle Warnungen. Innerhalb weniger Monate häuften sich die

Arbeitsunfälle in erschreckendem Ausmaß. Frauen und Kinder wurden verstümmelt und verkrüppelt! Das Entsetzen über den Baron erreichte seinen Höhepunkt.

In die Enge getrieben, versuchte der Baron eine letzte Ablenkung. Er ließ herzzerreißende Stiche drucken, die arme, zerlumpte Waisenkinder zeigten. Sein offener Brief an die Zeitung war ein leidenschaftlicher Appell an die Nächstenliebe, um diesen kleinen Elenden zu helfen. Tausende von Spenden flossen an den Baron, der zum Vorsitzenden einer großen Stiftung für verlassene Kinder ernannt wurde. Wer dachte angesichts dieser kleinen, verweinten Gesichter noch an die Schrecken der Fabriken?

4.   Revolte durch Schuldgefühle ersetzen

Trotz seiner wiederholten Versuche, die Öffentlichkeit zu täuschen, war der Ruf des Barons nun unwiderruflich geschädigt. Die Zeitungen waren seiner Täuschungsmanöver überdrüssig und überschlugen sich mit Artikeln, in denen sie ihn verunglimpften. Sie sprachen offen davon, die Massen gegen ihn aufzubringen.

Aus Sorge um seine Sicherheit beschloss Baron Cunning, die Empörung der Menschen gegen sich selbst zu richten. Er leistete öffentlich Abbitte und übernahm in zerknirschtem Ton die gesamte Schuld für die Dramen, die sich in seinen Fabriken ereignet hatten. "Ja, ich habe meine Pflicht gegenüber den Schwächsten verletzt... Mögen mir meine Fehlentscheidungen eine Lehre sein".

Dann wendete er geschickt den Volkszorn gegen seine Kritiker: "Diese Journalisten, die mich heute tadeln, sind dieselben, die früher meine lukrativen Aktivitäten lobten!". Er schloss mit einem Appell an die christliche Nachsicht seiner Verächter.

Der Zorn der Öffentlichkeit legte sich sofort wieder. Es wurde bedauert, dass die Presse so unbarmherzig mit einem Mann umging, den die Gier nach Geld in die Irre geführt hatte. War es nicht offensichtlich, dass die heuchlerischen Journalisten die wahren Schuldigen waren? Man kritisierte ihre übertriebene Heftigkeit, die nur den Hass schürte, anstatt Eintracht zu predigen. Der Baron hatte ihre Rachsucht geschickt umgelenkt und damit ein Meisterstück vollbracht.

5. Informationen verteilen, um die Kohärenz zu verlieren

Als der Volkszorn nachließ, dachte Baron Cunning, dass es an der Zeit war, den lästigen Journalisten einen tödlichen Schlag zu versetzen. Dank seiner zahlreichen Kontakte erreichte er, dass Presseberichte vor der Veröffentlichung systematisch gefiltert wurden.

Von nun an wurde jede kompromittierende Information über ihn tagelang von der Zensur zurückgehalten, bevor sie veröffentlicht wurde. Ohne die genaue Chronologie der Ereignisse verloren die Artikel ihren Zusammenhang. Man konnte nicht mehr zwischen neuen Skandalen und alten Dementis unterscheiden. Diese Verwirrung schadete der Glaubwürdigkeit seiner Denunzianten in den Augen der Öffentlichkeit erheblich.

Der Baron jubelte über seinen Sieg und stolzierte demonstrativ zu den gesellschaftlichen Dinnerpartys. Er war der beste Taktiker, den man sich vorstellen konnte! Sein Talent, die Massen zu täuschen, sicherte ihm völlige Straffreiheit...

6. das Publikum wie Kleinkinder ansprechen

Nach dem Erfolg seiner Manipulationen war Baron Cunning nun unantastbar. Niemand wagte es mehr, auch nur die geringste Kritik an ihm zu äußern. Berauscht von diesem Gefühl der Allmacht beschloss Baron Cunning, dass es an der Zeit war, seinen Einfluss auf die Politik auszuweiten.

Bei den Wahlen finanzierte er den Wahlkampf eines arglosen

jungen Abgeordneten. Im Gegenzug versprach dieser ihm, sich im Parlament für seine Interessen einzusetzen. Nach seiner Wahl hielt der Abgeordnete eine Reihe flammender Reden, in denen er die Vorzüge seines Wohltäters pries. "Baron Cunning ist das Paradebeispiel für Erfolg durch Arbeit und Anstrengung. Sein Privatvermögen lässt das Gold über unseren gesamten Wahlkreis rieseln!".

Um seine Schäfchen besser zu überzeugen, benutzte er einen paternalistischen Ton, vereinfachte Formulierungen und naive Metaphern. "Meine lieben Freunde ... Baron Cunning... füllen, heißt das nicht, unser gemeinsames Sparschwein zu füllen? Einigkeit macht stark!".

Verführt von dieser kindlichen Sprache ließ sich die Masse der Wähler leicht erweichen. Schließlich wirkte der junge Abgeordnete so aufrichtig überzeugt. Und der Baron war so großzügig für die Region! Nach und nach löste sich auch das letzte Misstrauen gegen ihn in Luft auf. Seine politische Basis war nun gefestigt.

7.   die Öffentlichkeit in Unwissenheit und Dummheit zu halten

Um seine Macht endgültig zu festigen, begann Baron Cunning damit, die Bildung des Volkes zu kontrollieren. Er spendete regelmäßig auffällige Beträge an Schulen und Universitäten. Im Gegenzug verlangte er, dass die Lehrpläne von jeglichem kritischen oder philosophischen Geist befreit wurden.

Den Kindern wurde nun beigebracht, dass die bestehende Ordnung unveränderlich sei. Der reiche Industrielle, der das Land aufblühen lässt, der Abgeordnete, der die politische Harmonie aufrechterhält, der Journalist, der den Pöbel unterhält: Jeder an seinem von der Vorsehung zugewiesenen Platz! Es ist sinnlos, diese perfekte Anordnung in Frage zu stellen.

Diese Erziehung zum Konformismus trug Früchte. Die neuen Generationen, die mit diesem Katechismus gefüttert wurden, dachten gar nicht mehr daran, die Hegemonie des Barons in Frage zu stellen. Warum sollte man sich über soziale Ungerechtigkeiten empören, wenn man ohnehin nicht viel daran ändern konnte?

Auf diese Weise gelang es dem Baron, den kritischen Geist der meisten Menschen heimtückisch einzuschläfern. Von nun an ruhte seine Macht auf den kräftigen Schultern dieser passiven Mehrheit, die sich damit abgefunden hatte, seine Vormundschaft in dankbarer Seligkeit zu erdulden.

8. die Öffentlichkeit dazu ermutigen, sich in Mittelmäßigkeit zu suhlen

Da jedoch eine intellektuelle Elite die Machenschaften von Baron Cunning in kleinen Kreisen weiterhin anprangerte, beschloss er, diese Opposition endgültig zu neutralisieren. Seine Methode war perfide.

Durch neue Spenden an die Universitäten ließ er eine Vielzahl von Literatur- und Wissenschaftspreisen stiften, die mit riesigen Summen dotiert waren. Die klügsten Köpfe wurden von der Gier nach Geld in Beschlag genommen und vernachlässigten ihre gemeinnützige Arbeit. Es wurden nur noch Schriften und Studien veröffentlicht, die dem mittelmäßigen Geschmack der Juroren schmeichelten oder die Interessen des Barons fördern sollten.

Dieser strahlende Triumph der Mittelmäßigkeit intellektualisierte die Verzweiflung der letzten Verfechter von Tugend und Redlichkeit. Doch was konnten sie angesichts der Goldberge des korrupten Barons mit ihren geringen Mitteln ausrichten? Das Ende der schönen Literatur und des freien Denkens war gekommen. Niemand konnte die tyrannische Herrschaft des Barons Cunning gefährden.

9.   die Menschen besser kennen, als sie sich selbst kennen

Durch seine perfiden Manipulationen war es dem Baron gelungen, jeden organisierten Protest zu vernichten. Doch im Hintergrund formierte sich weiterhin ein diskreter Widerstand. Kleine, isolierte Gruppen planten seinen Untergang.

Dank seiner Informanten und ausgeklügelter Überwachungsmethoden gelang es dem Baron schließlich, die Anführer dieser unterirdischen Dissidenz zu identifizieren. Heimlich stellte er ein detailliertes Dossier über jeden von ihnen zusammen: Schwächen, schändliche Geheimnisse, Familienbeziehungen - alles wurde sorgfältig festgehalten.

Dann schickte der Baron den anonymen Gegnern Drohbriefe und enthüllte in kompromittierenden Details, dass er alles über sie wusste, besser als sie sich selbst. Die meisten Verschwörer waren zu Tode erschrocken, als sie merkten, dass sie kein Privatleben mehr hatten.

Indem er sich in die Privatsphäre seiner Feinde einmischte, um sie einzuschüchtern, zerschlug der hinterlistige Baron also die letzten Anfänge der Revolte im Keim...

Inhaltsverzeichnis

Einführung

Die Massenmanipulation ist ein Phänomen, das so alt ist wie die Gesellschaft selbst. Sie wird definiert als die Kunst, die Meinungen, Emotionen und Verhaltensweisen einer breiten Öffentlichkeit zu beeinflussen und zu kontrollieren. Diese Praxis, die häufig mit politischen, kommerziellen oder ideologischen Zwecken verbunden ist, beruht auf dem strategischen Einsatz von Informationen, Desinformation und manchmal auch Informationsvorenthaltung, um die kollektive Wahrnehmung zu prägen.

Historisch gesehen hat die Massenmanipulation viele Formen angenommen, von der Rhetorik der Redner in der Antike bis hin zu den Propagandakampagnen der Weltkriege. Mit dem Aufkommen der Massenmedien und in jüngerer Zeit der sozialen Netzwerke haben sich die Techniken der Manipulation weiterentwickelt und sind subtiler und allgegenwärtiger geworden. Heute durchdringen sie unseren Alltag, oft ohne unser Wissen, durch Werbung, Nachrichten, soziale Netzwerke und sogar Unterhaltung.

Die Massenmanipulation beruht auf mehreren grundlegenden Prinzipien. Das erste ist die Schaffung einer Erzählung oder eines Narrativs, das komplexe Themen vereinfacht und polarisiert und die Informationen für die breite Öffentlichkeit leichter verdaulich macht. Das zweite Prinzip ist die Ausnutzung von Emotionen, oft auf Kosten von Logik und Vernunft, um eine bestimmte Reaktion oder ein bestimmtes Verhalten zu erzeugen. Und schließlich ist

Die Schatten der Macht: Strategien zur Massenmanipulation

die Wiederholung ein entscheidendes Werkzeug: Wird eine Botschaft oft genug wiederholt, wird sie glaubwürdiger und die Wahrscheinlichkeit, dass sie angenommen wird, steigt.

Die Techniken der Massenmanipulation sind vielfältig. Sie umfassen Propaganda, die Verwendung von Symbolen und Slogans, die Zensur und Revision von Informationen sowie die Schaffung falscher Dilemmasituationen. Mit der Digitalisierung sind neue Methoden entstanden, wie z. B. Algorithmen in sozialen Netzwerken, die Informationen filtern und personalisieren und so Filterblasen und Kammerechos schaffen, die bestehende Vorurteile verstärken.

Die Folgen der Massenmanipulation sind weitreichend und vielfältig. Sie kann die öffentliche Wahrnehmung der Realität verändern, Wahlergebnisse beeinflussen, soziale Spaltungen verschärfen und sogar Konflikte auslösen. Andererseits kann sie auch eingesetzt werden, um positive soziale Verhaltensweisen zu fördern oder die Öffentlichkeit für gemeinsame Anliegen zu vereinen.

Ein entscheidender Aspekt der Massenmanipulation ist die Empfänglichkeit des Publikums. Einzelpersonen sind nicht einfach passive Empfänger; sie interagieren mit, interpretieren und widersetzen sich manchmal den Manipulationsversuchen. Das Verständnis und das Bewusstsein der Öffentlichkeit für diese Taktiken sind entscheidend für die Entwicklung eines kritischen Geistes und einer Gesellschaft, die gegenüber Manipulationen widerstandsfähiger ist.

Die Massenmanipulation ist ein mächtiges Werkzeug, das die Gedanken und Handlungen vieler Menschen beeinflussen kann. Während wir in diesem Buch fortschreiten, werden wir ihre verschiedenen Strategien im Detail erforschen und dabei die Bedeutung von Wachsamkeit und kritischer Bildung

Die Schatten der Macht: Strategien zur Massenmanipulation

hervorheben, um die Integrität unseres öffentlichen Diskurses und unserer Demokratie zu erhalten.

Kapitel 1: Ablenkung Als Taktik

1. Das Prinzip der Ablenkung und Umlenkung der Aufmerksamkeit

In einer Welt, in der Informationen allgegenwärtig sind, sind Ablenkung und Aufmerksamkeitslenkung zu wesentlichen Werkzeugen im Arsenal der Massenmanipulation geworden. Diese Techniken zielen darauf ab, die Aufmerksamkeit der Öffentlichkeit von wichtigen Fragen auf weniger bedeutsame oder völlig andere Themen zu lenken, oft um den Blick von kontroversen oder heiklen Problematiken abzulenken.

Ablenkung funktioniert, indem man die Aufmerksamkeit des Publikums mit emotional aufgeladenen oder sensationellen Themen fesselt, die sofort relevant oder unterhaltsam erscheinen. Dies kann sich in Form von Skandalen, Unterhaltung, plötzlichen Krisen oder sogar politischen oder sozialen Konflikten äußern. Ziel ist es, den Medienraum mit diesen Ablenkungen zu sättigen, sodass kritischere Themen in den Hintergrund gedrängt oder völlig ignoriert werden.

Die Ablenkung der Aufmerksamkeit ist oft subtiler als die bloße Ablenkung. Sie beinhaltet, die öffentliche Debatte auf ein anderes Thema oder einen anderen Blickwinkel auf ein Thema umzulenken. Wenn beispielsweise eine Regierungspolitik in der Kritik steht, können die Verantwortlichen ein völlig anderes Thema einführen, um den Verlauf der öffentlichen Konversation zu ändern, oder sie können die Debatte auf einen weniger umstrittenen Aspekt der Politik umlenken.

Die Geschichte liefert zahlreiche Beispiele für Ablenkung und Umlenkung der Aufmerksamkeit. Von Kriegen bis hin zu politischen Skandalen wurden diese Taktiken eingesetzt, um die Aufmerksamkeit der Bürger weg von den Schwächen der Machthaber oder systemischen Problemen zu lenken. Im digitalen Zeitalter werden diese Strategien durch soziale Netzwerke und Onlinemedien verstärkt, wo sensationelle Nachrichten schnell viral gehen und wichtigere Themen in den Schatten stellen können.

Die Auswirkungen von Ablenkung und Aufmerksamkeitslenkung auf die Gesellschaft sind tiefgreifend. Sie können zu einer weit verbreiteten Desinformation, einer verstärkten Polarisierung und einem Rückgang des bürgerlichen Engagements in wichtigen Fragen führen. Wenn die Bürger ständig abgelenkt werden, wird ihre Fähigkeit geschwächt, sich auf komplexe Probleme zu konzentrieren und von ihren Führern Rechenschaft zu verlangen.

Um diesen Taktiken zu widerstehen, ist es entscheidend, einen kritischen Geist zu entwickeln und über eine Vielzahl von Themen informiert zu bleiben. Dazu gehört, Informationsquellen aktiv zu hinterfragen, nach verschiedenen Perspektiven zu suchen und sich auf Hintergrundthemen zu konzentrieren, statt auf sensationelle oder emotional aufgeladene Geschichten.

Ablenkung und Aufmerksamkeitslenkung sind mächtige Werkzeuge in der Massenmanipulation, die in der Lage sind, die öffentliche Meinung zu prägen und von den wahren Problemen abzulenken. Indem wir uns dieser Taktiken bewusst werden und Fähigkeiten zum kritischen Denken entwickeln, können wir uns vor diesen Manipulationen schützen und eine gesündere und informiertere öffentliche Debatte fördern.

In den folgenden Kapiteln untersuchen wir, wie diese Prinzipien in bestimmten Kontexten angewandt wurden, wobei wir die fiktive Geschichte von Baron Cunning als Leitfaden verwenden, um diese Konzepte in einem einnehmenden Erzählrahmen zu veranschaulichen.

2. Die Nutzung von Großveranstaltungen zur Verschleierung politischer Entscheidungen

Großereignisse werden oft als Nebelwand benutzt, um die Aufmerksamkeit für wichtige politische Entscheidungen zu verschleiern oder davon abzulenken. Diese Ablenkungstaktik kann viele Formen annehmen, von großen Sportereignissen bis hin zu Medienskandalen.

Ein klassisches Beispiel ist die Nutzung der Olympischen Spiele. Historisch gesehen fielen diese globalen Ereignisse oft mit bedeutenden politischen Aktionen hinter den Kulissen zusammen. Während der Olympischen Sommerspiele 2008 in Peking beispielsweise nutzten mehrere Regierungen die auf das Ereignis fokussierte weltweite Aufmerksamkeit, um umstrittene Gesetze zu verabschieden oder unauffällige Militäroperationen durchzuführen.

In einem neueren Kontext können Gesundheitskrisen wie Epidemien auch durch Medienunterhaltung in den Schatten gestellt werden. Während der Zika-Virus-Krise im Jahr 2016 nutzten einige Regierungen und Organisationen beispielsweise große Sport- und Kulturveranstaltungen, um die Berichterstattung über die Gesundheitskrise zu minimieren und die öffentliche Aufmerksamkeit auf leichtere und weniger kontroverse Themen zu verlagern.

Diese Strategie beruht auf dem Verständnis der menschlichen Psychologie. Menschen fühlen sich von Natur aus zu Geschichten hingezogen, die starke Emotionen auslösen, wie z. B. Aufregung, Nationalstolz oder einen Skandal. Indem sie die Medien mit

Die Schatten der Macht: Strategien zur Massenmanipulation

diesen Geschichten sättigen, können Entscheidungsträger eine wirksame Nebelwand für ihre weniger populären oder umstrittenen Maßnahmen schaffen.

Die Nutzung von Großveranstaltungen zur Verschleierung politischer Entscheidungen hat erhebliche Auswirkungen auf die Demokratie und die Regierungsführung. Sie hindert die Öffentlichkeit daran, sich voll und ganz mit entscheidenden politischen Fragen zu beschäftigen, und kann dazu führen, dass Entscheidungen ohne angemessene öffentliche Prüfung getroffen werden. Diese Taktik kann auch das Vertrauen in die öffentlichen Institutionen untergraben, wenn sie entdeckt wird.

Um dieser Strategie entgegenzuwirken, ist es von entscheidender Bedeutung, eine kritische Wachsamkeit zu entwickeln. Das bedeutet, dass man auch während ablenkender Großereignisse die politischen und wirtschaftlichen Nachrichten im Auge behalten muss. Es ist unerlässlich, eine Vielzahl von Informationsquellen zu konsultieren, um eine umfassende Perspektive auf internationale Ereignisse zu erlangen.

Kapitel 2: Probleme schaffen und Lösungen vorschlagen

1. Mechanismen zur Schaffung von Scheinproblemen

Die Schaffung falscher Probleme ist eine ausgeklügelte und heimtückische Strategie der Massenmanipulation. Sie beinhaltet die Herstellung oder Übertreibung von Problemen, die zwar oft auf einem Körnchen Wahrheit beruhen, aber aufgebläht oder verzerrt werden, um die Aufmerksamkeit abzulenken, emotionale Reaktionen hervorzurufen oder bestimmte politische oder wirtschaftliche Handlungen zu rechtfertigen.

Die Herstellung von Problemen kann viele Formen annehmen, von der Verbreitung falscher Nachrichten bis hin zur Übertreibung von Sicherheits- oder Gesundheitsbedrohungen. Ziel ist es, ein Gefühl der Dringlichkeit oder Angst zu erzeugen, das Antworten oder politische Maßnahmen rechtfertigt, die ansonsten inakzeptabel oder umstritten wären.

Ein historisches Beispiel ist die Art und Weise, wie die Bedrohung durch den Kommunismus während des Kalten Krieges dargestellt wurde. Obwohl der Kommunismus eine Ideologie und eine reale politische Kraft war, wurde die von ihm ausgehende Bedrohung in vielen Fällen übertrieben oder manipuliert, um innen- und außenpolitische Maßnahmen, erhöhte Militärausgaben und sogar Kriege zu rechtfertigen.

Im zeitgenössischen Kontext ist häufig zu beobachten, dass bei den Reaktionen auf Wirtschaftskrisen Scheinprobleme geschaffen werden. Regierungen oder Finanzinstitute können von ihrem eigenen Versagen oder ihrer Verantwortung ablenken, indem sie Sündenböcke wie die Regulierungspolitik schaffen und diese Faktoren als Hauptursache für wirtschaftliche Probleme darstellen.

Zu den Mechanismen hinter der Schaffung von Scheinproblemen gehören die Manipulation der Medien, die Verwendung emotional aufgeladener Rhetorik und manchmal die Zusammenarbeit verschiedener Akteure (Regierungen, Medien, Unternehmen), um eine bestimmte Erzählung zu fördern. Wiederholung spielt eine entscheidende Rolle bei der Verfestigung dieser falschen Probleme im öffentlichen Bewusstsein.

Die Folgen der Schaffung falscher Probleme sind vielfältig: soziale Polarisierung, Umlenkung von Ressourcen auf nicht prioritäre Probleme und Untergrabung des Vertrauens in die öffentlichen Institutionen. Dies kann auch zu einer fehlgeleiteten öffentlichen Politik und einer Verschlechterung der öffentlichen Debatte führen.

Um dieser Taktik entgegenzuwirken, ist es entscheidend, kritisches Denken zu kultivieren, Informationsquellen zu hinterfragen und nach objektiven Beweisen und Bewertungen zu suchen. Ebenso wichtig ist es, sich seiner eigenen Emotionen und Voreingenommenheit bewusst zu werden, die bestimmte Geschichten attraktiver oder wahrscheinlicher machen können.

2. Künstliche Wirtschaftskrisen und "heldenhafte" Interventionen

Die Schatten der Macht: Strategien zur Massenmanipulation

Hier untersuchen wir, wie Wirtschaftskrisen künstlich erzeugt oder übertrieben werden können und wie solche Situationen genutzt werden, um Interventionen zu rechtfertigen, die als "heldenhaft" oder unverzichtbar dargestellt werden. Diese Manipulationstaktik spielt mit Angst und wirtschaftlicher Unsicherheit, um die Akzeptanz von Maßnahmen zu erleichtern, die unter normalen Umständen vielleicht in Frage gestellt oder abgelehnt würden.

Ein prominentes historisches Beispiel ist die Große Depression der 1930er Jahre. Obwohl sie hauptsächlich auf realwirtschaftliche Faktoren zurückzuführen war, umfasste die Art und Weise, wie sie von verschiedenen Regierungen behandelt wurde, häufig Maßnahmen, die die politische und wirtschaftliche Landschaft grundlegend veränderten. In den USA führte dies beispielsweise zur Verabschiedung des New Deal, einer Reihe von Programmen, Reformen und Regulierungen, die die Bundesregierung und ihre Rolle in der Wirtschaft grundlegend veränderten.

In jüngerer Zeit bietet die Finanzkrise von 2008 ein Beispiel dafür, wie eine Wirtschaftskrise genutzt werden kann, um massive Interventionen zu rechtfertigen. Bankenrettungen wurden beispielsweise als notwendige Maßnahmen dargestellt, um einen totalen wirtschaftlichen Zusammenbruch zu verhindern. Sie warfen jedoch auch Fragen zur Finanzregulierung, zur Haftung der Banken und zur Beziehung zwischen der Regierung und dem Finanzsektor auf.

Diese "heroischen" Interventionen werden oft von einer starken Rhetorik begleitet, die die Entscheidungsträger als Retter vor einer drohenden Krise darstellt. Diese Inszenierung dient nicht nur der Rechtfertigung außergewöhnlicher Maßnahmen, sondern stärkt auch die Macht der Institutionen oder Einzelpersonen, die sie umsetzen.

Die Auswirkungen solcher Krisen und Interventionen sind

tiefgreifend. Sie können zu bedeutenden Veränderungen in der Wirtschaftspolitik, den Machtstrukturen und sogar der Verteilung des Wohlstands innerhalb der Gesellschaft führen. Darüber hinaus können sie die Abhängigkeit der Öffentlichkeit von "starken Führern" oder zentralen Institutionen für das Krisenmanagement verstärken.

Um sich in diesen komplexen Situationen zurechtzufinden, ist es von entscheidender Bedeutung, ein differenziertes Verständnis von Wirtschaftskrisen und politischen Reaktionen zu entwickeln. Dies beinhaltet die Untersuchung der den Krisen zugrunde liegenden Ursachen, der Nutznießer von Interventionen und der langfristigen Folgen dieser Politik.

Ein kritischer und informierter Ansatz ist unerlässlich, um diese Dynamiken zu verstehen und sicherzustellen, dass die Reaktionen auf Krisen dem öffentlichen Interesse und nicht Einzelinteressen dienen.

Kapitel 3: Der Appell an das Emotionale

1. Der Vorrang der Emotion vor der Vernunft bei der Manipulation

In Strategien zur Massenmanipulation werden Emotionen oft auf Kosten der Vernunft bevorzugt. Emotionen haben einen starken und unmittelbaren Einfluss auf das menschliche Verhalten, und ihr Einsatz in der Manipulation kann kritisches Denken kurzschließen und zu impulsiveren und weniger überlegten Reaktionen führen.

Emotionen können schnellere und viszerale Reaktionen auslösen als logische Denkprozesse. Im Zusammenhang mit Manipulation kann das Wecken von Emotionen wie Angst, Wut, Hoffnung oder sogar Liebe ein wirksames Mittel sein, um die kritische Analyse zu umgehen und Einstellungen und Verhaltensweisen direkt zu beeinflussen.

Historisch gesehen wurden Emotionen in der Kriegspropaganda eingesetzt, wo die Angst vor dem Feind oder die Liebe zum Vaterland gesteigert wurde, um die öffentliche Unterstützung zu mobilisieren. Im heutigen Kontext nutzen Werbe- und politische Kampagnen häufig emotionale Appelle, um eine tiefere und unmittelbarere Verbindung zu ihrem Publikum herzustellen, was manchmal auf Kosten einer sachlichen und ausgewogenen Darstellung von Informationen geht.

Die Schatten der Macht: Strategien zur Massenmanipulation

Die Psychologie lehrt uns, dass Emotionen eine entscheidende Rolle bei der Entscheidungsfindung spielen. Manipulatoren machen sich diese Tendenz zunutze, indem sie Botschaften kreieren, die starke emotionale Reaktionen hervorrufen und ihr Publikum weniger geneigt machen, die Gültigkeit oder Logik dieser Botschaften zu hinterfragen.

Wenn Emotionen über den Verstand gestellt werden, kann dies zu impulsiven Entscheidungen, Fehlurteilen und verstärkter Polarisierung führen. Einzelpersonen können anfälliger dafür werden, an Unwahrheiten zu glauben oder irrationale oder schädliche Handlungen zu unterstützen, wenn sie sich emotional investiert fühlen.

Um dieser Tendenz entgegenzuwirken, ist es wichtig, ein Bewusstsein dafür zu entwickeln, wie unsere Emotionen unser Denken und unsere Entscheidungen beeinflussen. Dazu gehört es, sich von emotional aufgeladenen Nachrichten zurückzuziehen, nach sachlichen Informationen zu suchen und kritisches Denken zu üben.

Wenn wir die Rolle der Emotionen bei der Manipulation erkennen und verstehen, können wir uns besser darauf vorbereiten, maßvoller und informierter zu reagieren, und so unsere Fähigkeit bewahren, fundierte und rationale Entscheidungen zu treffen.

2. Werbekampagnen und Kriegspropaganda

Werbekampagnen und Kriegspropaganda nutzen Emotionen aus, um Einstellungen und Verhaltensweisen zu beeinflussen. Diese beiden Bereiche unterscheiden sich zwar in ihren Zielen und Zusammenhängen, verwenden aber ähnliche Techniken, um starke emotionale Reaktionen hervorzurufen und die öffentliche Meinung zu lenken.

Die Schatten der Macht: Strategien zur Massenmanipulation

Moderne Werbekampagnen gehen oft über die bloße Werbung für ein Produkt hinaus. Sie versuchen, eine emotionale Verbindung mit dem Verbraucher herzustellen, indem sie Geschichten, Bilder und Botschaften verwenden, die Gefühle wie Glück, Nostalgie, Sicherheit oder Zugehörigkeit hervorrufen. Dieser Ansatz zielt darauf ab, das Produkt oder die Marke einprägsamer zu machen und Kaufentscheidungen auf subtile Weise zu beeinflussen.

Die Kriegspropaganda hingegen setzt emotionale Techniken ein, um die öffentliche Unterstützung in Konfliktzeiten zu mobilisieren. Sie kann Bedrohungen übertreiben, den Feind dämonisieren und an Gefühle von Patriotismus und Pflichtbewusstsein appellieren. Das Ziel besteht häufig darin, militärische Aktionen zu rechtfertigen, die Moral der Truppen und der Bevölkerung aufrechtzuerhalten und die Wahrnehmung des Konflikts zu steuern.

Beide Kommunikationsformen nutzen ähnliche Techniken wie Wiederholung, die Verwendung starker Symbole und die Schaffung vereinfachter Erzählungen. Sie stützen sich auf das Verständnis der menschlichen emotionalen Auslöser, um Botschaften zu schaffen, die tief nachhallen und manchmal eine rationale Analyse in den Schatten stellen können.

Die Auswirkungen dieser Kampagnen gehen über den Verkauf von Produkten oder die Unterstützung des Krieges hinaus. Sie können kulturelle Normen, soziale Einstellungen und sogar die öffentliche Politik prägen. In manchen Fällen können sie zu irrationalem Gruppenverhalten oder zur unbestrittenen Akzeptanz bestimmter Ideen oder Handlungen führen.

Um sich in diesem emotional aufgeladenen Medienumfeld zurechtzufinden, ist es von entscheidender Bedeutung, eine kritische Rezeption zu entwickeln. Das bedeutet, die Motive hinter den Nachrichten zu hinterfragen, nach sachlichen Informationen zu suchen und sich bewusst zu machen, wie unsere Emotionen unsere Reaktionen und Überzeugungen beeinflussen.

Werbekampagnen und Kriegspropaganda zeigen deutlich, wie Emotionen eingesetzt werden können, um auf mächtige und manchmal subtile Weise zu beeinflussen.

Kapitel 4: Die Schuldzuweisung an die Öffentlichkeit

1. Revolte in Schuld verwandeln: Techniken und Folgen

Kommen wir nun zu einer besonders subtilen und mächtigen Taktik der psychologischen Manipulation: die Umwandlung von Empörung bzw. Empörung in Schuldgefühle. Bei dieser Methode werden die Gefühle des Zorns oder der Unzufriedenheit der Öffentlichkeit gegen sich selbst oder gegen Zielgruppen umgeleitet, wodurch Kritik und Maßnahmen gegen die eigentlichen Problemquellen abgeschwächt werden.

Die Umwandlung von Empörung in Schuldgefühle erfolgt häufig durch die Manipulation von Emotionen und die Neuausrichtung des Diskurses. Manipulatoren können Argumente verwenden, die den Menschen das Gefühl geben, dass sie selbst für die Probleme verantwortlich sind, die sie anprangern, oder dass ihre Wut fehlgeleitet, ungerecht oder sogar beschämend ist.

Historisch gesehen wurde diese Technik in verschiedenen politischen und sozialen Kontexten eingesetzt. In sozialen Bewegungen beispielsweise ist es den Behörden oder dominanten Gruppen manchmal gelungen, die Schuld für Unruhen oder Ungleichheiten den Opfern selbst oder Sündenböcken in die Schuhe zu schieben und so den Druck für

Die Schatten der Macht: Strategien zur Massenmanipulation

systemische Veränderungen zu verringern.

Diese Strategie spielt mit mehreren psychologischen Mechanismen, darunter kognitive Dissonanz, bei der Menschen versuchen, Widersprüche zwischen ihren Überzeugungen und ihren Handlungen aufzulösen, und Bestätigungsbias, bei dem Menschen geneigt sind, Informationen zu akzeptieren, die ihre bereits bestehenden Überzeugungen bestätigen, selbst wenn diese falsch sind.

Die Folgen der Umwandlung von Revolte in Schuldgefühle sind weitreichend. Es kann zu allgemeiner Apathie führen, zu weniger kollektivem Handeln für Veränderungen und zu einer Zunahme von Polarisierung und innerem Konflikt. Außerdem kann es verhindern, dass die wahren Ursachen von sozialen oder politischen Problemen erkannt und gelöst werden.

Um dieser Manipulation entgegenzuwirken, ist es entscheidend, die Versuche zu erkennen, die legitime Wut auf unpassende Ziele umzulenken. Dazu gehört es, auf dem Laufenden zu bleiben, Informationsquellen zu hinterfragen und sich kritisch mit den tatsächlichen Ursachen sozialer und politischer Probleme auseinanderzusetzen.

2. Schuldzuweisungskampagnen in Umweltkrisen

Diese Kampagnen zielen häufig darauf ab, die Verantwortung für Umweltprobleme von Unternehmens- oder Regierungseinheiten auf Einzelpersonen zu verlagern, indem sie persönliche Handlungen statt systemischer Veränderungen betonen.

Die Schuldzuweisung an die Umwelt äußert sich häufig in Botschaften, die die Auswirkungen der individuellen Konsumentscheidungen auf die Umwelt hervorheben, während die Rolle großer Unternehmen und der Regierungspolitik heruntergespielt oder ignoriert wird. Dieser Ansatz kann bei

Die Schatten der Macht: Strategien zur Massenmanipulation

Einzelpersonen Schuldgefühle erzeugen, sodass sie sich für Umweltkrisen verantwortlich fühlen.

Ein prominentes Beispiel ist die Fokussierung auf Recycling und die Reduzierung des individuellen CO_2-Fußabdrucks. Obwohl diese Maßnahmen wichtig sind, können sie die Aufmerksamkeit von industriellen Praktiken und politischen Maßnahmen ablenken, die weitaus größere Auswirkungen auf die Umwelt haben. Werbekampagnen und Sensibilisierungsinitiativen betonen häufig individuelle Maßnahmen und erwecken den Eindruck, dass die Verantwortung für die Umwelt hauptsächlich auf den Schultern der Verbraucher lastet.

Diese Strategie der Schuldzuweisung kann mehrere Auswirkungen haben. Einerseits kann sie auf individueller Ebene zu umweltfreundlichen Verhaltensweisen ermutigen. Andererseits kann sie aber auch zu einer gewissen Apathie oder einem Gefühl der Ohnmacht führen, vor allem wenn die individuellen Handlungen angesichts der Größe der ökologischen Herausforderungen lächerlich erscheinen.

Die individuelle Schuldzuweisung bei Umweltkrisen kann sich auch auf die Umweltpolitik auswirken. Indem sie den Diskurs auf individuelle Handlungen konzentrieren, können große Unternehmen und Regierungen es vermeiden, strengere Maßnahmen zur Regulierung industrieller Umweltsünder zu ergreifen oder in groß angelegte Lösungen zu investieren.

Um Umweltkrisen auf ausgewogene Weise anzugehen, ist es wichtig, sowohl die Rolle individueller Maßnahmen als auch die Notwendigkeit systemischer Veränderungen anzuerkennen. Dies bedeutet, sich über die tieferen Ursachen von Umweltproblemen zu informieren und politische Maßnahmen zu unterstützen, die auf die Hauptverursacher der ökologischen Krise abzielen.

Kapitel 5: Die Aufschub-Strategie

1. Informationen verzögern, um die Spur zu verlieren

Die Taktik, die Verbreitung von Informationen aufzuschieben, zielt darauf ab, das Verständnis zu vernebeln und die Wirkung zu verringern. Bei dieser Methode wird die Veröffentlichung wichtiger Informationen absichtlich verzögert, wodurch eine Diskrepanz entsteht, die die Öffentlichkeit verwirren und die Aufmerksamkeit für kritische Themen verringern kann.

Die zeitversetzte Weitergabe von Informationen wird häufig eingesetzt, um die potenziell negativen Auswirkungen einer Nachricht oder eines Ereignisses abzumildern. Durch die verzögerte Verbreitung von Informationen gewinnen die betroffenen Akteure (Regierungen, Unternehmen, Institutionen) Zeit, um Antworten vorzubereiten, Kritik abzuschwächen oder abzuwarten, bis sich die Aufmerksamkeit der Öffentlichkeit auf andere Themen verlagert.

Diese Technik wurde in verschiedenen Zusammenhängen beobachtet, z. B. bei der verzögerten Veröffentlichung von Berichten zu sensiblen oder umstrittenen Themen. Beispielsweise werden Regierungsberichte zu heiklen Themen manchmal in Zeiten geringerer Medienaufmerksamkeit veröffentlicht, z. B. während der Ferienzeit oder gleichzeitig mit anderen Großereignissen.

Die zeitversetzte Information spielt mit der flüchtigen Natur der öffentlichen Aufmerksamkeit. In einer gesättigten Medienwelt veralten Nachrichten schnell. Indem sie die Verbreitung von Informationen verzögern, können Manipulatoren dafür sorgen, dass die Nachricht, wenn sie schließlich ans Licht kommt, einen Teil ihrer Relevanz oder Dringlichkeit verloren hat.

Diese Strategie kann einen erheblichen Einfluss auf die öffentliche Wahrnehmung von Ereignissen oder Problemen haben. Wenn Informationen zeitverzögert übermittelt werden, kann es sein, dass die Öffentlichkeit sie nicht richtig mit den relevanten Kontexten oder Ereignissen in Verbindung bringt, was zu einem fragmentierten oder ungenauen Verständnis der Herausforderungen führen kann.

Um dieser Taktik zu begegnen, ist es entscheidend, ständig wachsam zu bleiben und aktiv nach Informationen zu bedeutenden Themen zu suchen, auch wenn es keine unmittelbare Berichterstattung in den Medien gibt. Dies bedeutet, eine vielfältige Palette von Informationsquellen zu konsultieren und sich an frühere Ereignisse oder Ankündigungen zu erinnern, um sie mit den aktuellen Nachrichten zu verbinden

2. Informationsmanagement bei großen politischen Skandalen

Diese Situationen, die häufig von heiklen Enthüllungen geprägt sind, erfordern ein geschicktes Informationsmanagement, um die öffentliche Meinung zu kontrollieren und den Schaden für die beteiligten Parteien möglichst gering zu halten.

Im Zusammenhang mit politischen Skandalen kann das Informationsmanagement verschiedene Taktiken beinhalten, wie z. B. die selektive Bekanntgabe von Fakten, Desinformation, die Verbreitung von Gegenerzählungen oder sogar Zensur. Ziel ist es, die öffentliche Wahrnehmung des Skandals zu formen und die Interessen der beteiligten Akteure zu schützen.

Ereignisse wie der Watergate-Skandal in den USA oder die Profumo-Affäre in Großbritannien veranschaulichen, wie das Informationsmanagement eine entscheidende Rolle bei der Entwicklung eines politischen Skandals spielen kann. In diesen Fällen haben die Zurückhaltung von Informationen, das anfängliche Dementi und die allmähliche Offenlegung von Fakten die öffentliche und politische Reaktion signifikant beeinflusst.

Zu den Strategien, die im Informationsmanagement bei politischen Skandalen angewandt werden, können die Diskreditierung von Informationsquellen, der Einsatz von Sprechern zur Lenkung der Erzählung und die Zusammenarbeit mit bestimmten Medien zur Kontrolle der Erzählung gehören. Diese Methoden zielen darauf ab, Zweifel am Wahrheitsgehalt der Behauptungen zu wecken oder die Aufmerksamkeit auf andere Themen zu lenken.

Der Umgang mit Informationen in politischen Skandalen kann weitreichende Auswirkungen auf die Demokratie und das öffentliche Vertrauen haben. Eine effektive Informationsmanipulation kann nicht nur politische Karrieren retten, sondern auch das Vertrauen in politische und mediale Institutionen untergraben und das öffentliche Verständnis von Fakten beeinträchtigen.

Um sich in der komplexen Landschaft der politischen Skandale zurechtzufinden, ist es entscheidend, nach vielfältigen und zuverlässigen Informationsquellen zu suchen, auf Manipulationsversuche zu achten und sich vor Versuchen zu hüten, die Aufmerksamkeit abzulenken oder die Erzählung neu zu definieren.

Kapitel 6: Infantilisierung der Öffentlichkeit

1. Mit der Öffentlichkeit wie mit Kindern sprechen: Auswirkungen und Ergebnisse

Die Kommunikationstaktik, mit der Öffentlichkeit wie mit Kindern zu sprechen, ist eine Form der Infantilisierung, die Botschaften übermäßig vereinfacht und die Fähigkeit der Öffentlichkeit, komplexe Themen zu verstehen, unterschätzt. Dieser Ansatz kann weitreichende Auswirkungen auf die öffentliche Wahrnehmung und den demokratischen Diskurs haben.

Infantilisierung in der Kommunikation zeigt sich durch die Verwendung einer vereinfachten Sprache, die Reduzierung komplexer Themen auf Grundkonzepte und die Vermeidung von kritischen Nuancen oder Details. Diese Methode wird oft mit dem Wunsch begründet, Informationen zugänglich zu machen, kann aber auch dazu dienen, die öffentliche Meinung zu manipulieren oder zu kontrollieren.

Von politischen Reden bis hin zu Werbekampagnen wurde diese Technik im Laufe der Geschichte immer wieder eingesetzt, um die öffentliche Meinung zu prägen. In einigen autoritären Regimen greifen die Machthaber beispielsweise häufig auf eine paternalistische und vereinfachende Sprache zurück, um Politiken oder Ideologien zu präsentieren, und reduzieren die Komplexität der politischen und sozialen Herausforderungen auf

Die Schatten der Macht: Strategien zur Massenmanipulation

leicht verdauliche Slogans oder Ideen.

Die Infantilisierung der Öffentlichkeit kann dazu führen, dass die Fähigkeit der Bürger, sich maßgeblich an der öffentlichen Debatte zu beteiligen, unterschätzt wird. Sie kann auch die Abhängigkeit von Behörden verstärken, wenn es um die Interpretation und das Verständnis von Themen geht, und so kritisches Denken und bürgerliches Engagement einschränken.

Diese Kommunikationsstrategie kann sich negativ auf die Demokratie und das bürgerliche Engagement auswirken. Wenn die Öffentlichkeit wie Kinder behandelt wird, besteht die Gefahr, dass die Qualität der öffentlichen Debatte sinkt, die Vielfalt der Meinungen und Analysen abnimmt und die Entwicklung einer informierten und aktiven Bürgerschaft behindert wird.

Um eine reifere und respektvollere Kommunikation mit der Öffentlichkeit zu fördern, ist es von entscheidender Bedeutung, die Medien- und Informationskompetenz zu unterstützen, kritisches Denken zu fördern und Medien zu unterstützen, die ihr Publikum als fähige und informierte Bürger behandeln.

2. Vereinfachte Sprache in der öffentlichen Politik

Obwohl Vereinfachung von Vorteil sein kann, um Informationen zugänglich zu machen, kann eine übermäßige Vereinfachung manchmal wichtige Details verschleiern, das Verständnis der Herausforderungen verringern und die öffentliche Debatte einschränken.

Vereinfachte Sprache in der öffentlichen Politik zeichnet sich durch die Verwendung von allgemeinen Begriffen, einprägsamen Slogans und reduzierten Erklärungen aus. Dieser Ansatz zielt darauf ab, komplexe Ideen kurz und verständlich zu vermitteln, kann aber auch entscheidende Nuancen und wichtige Details auslassen.

Die Schatten der Macht: Strategien zur Massenmanipulation

Von Wahlkampagnen bis hin zu Ankündigungen von Regierungsreformen wird vereinfachte Sprache häufig verwendet, um komplexe Politikbereiche auf leicht verdauliche Weise darzustellen. Beispielsweise werden Slogans wie "Steuern senken" oder "Sicherheit verbessern" häufig verwendet, um komplexe politische Maßnahmen zusammenzufassen, ohne auf die Details ihrer Umsetzung oder ihre Auswirkungen einzugehen.

Die Verwendung einer vereinfachten Sprache kann mehrere Effekte haben. Einerseits kann sie dabei helfen, Ideen einem breiten Publikum zu vermitteln. Andererseits kann sie aber auch ein tieferes Verständnis von Politik verhindern und die Fähigkeit der Öffentlichkeit verringern, sich maßgeblich an der demokratischen Debatte zu beteiligen.

Eine übermäßige Vereinfachung bei der Vermittlung öffentlicher Politik kann dazu führen, dass die Herausforderungen und Kompromisse, die mit dem Regieren einhergehen, unterschätzt werden. Dies kann die aufgeklärte und kritische Bürgerbeteiligung einschränken, die für das Funktionieren einer gesunden Demokratie unerlässlich ist.

Für eine ausgewogene Vermittlung von öffentlichen Politiken ist es wichtig, ein Gleichgewicht zwischen der notwendigen Vereinfachung und der Wahrung wichtiger Nuancen zu finden. Dies bedeutet, dass man zugängliche Zusammenfassungen liefert und gleichzeitig detaillierte Informationen für diejenigen verfügbar macht, die ein tieferes Verständnis anstreben.

Die Schatten der Macht: Strategien zur Massenmanipulation

Kapitel 7: Aufrechterhaltung der Unwissenheit

1. Bildung als Instrument der Massenmanipulation

Obwohl Bildung grundsätzlich dazu gedacht ist, aufzuklären und zu informieren, kann sie manchmal missbraucht werden, um bestimmte Ideologien einzutrichtern, Überzeugungen zu formen und kritisches Denken zu kontrollieren.

Manipulative Erziehung zeichnet sich dadurch aus, dass verzerrte Inhalte gelehrt, bestimmte Informationen zensiert und spezifische Erzählungen gefördert werden, die bestimmten Interessen dienen. Dieser Ansatz kann die Fähigkeit des Einzelnen, kritisch und unabhängig zu denken, einschränken und ihn so anfälliger für andere Formen der Manipulation machen.

Historisch gesehen haben viele autoritäre Regime die Bildung dazu benutzt, staatliche Ideologien zu verankern und abweichende Meinungen zu unterdrücken. In zeitgenössischen Kontexten umfassen Beispiele die Überarbeitung von Lehrplänen, um bestimmte historische oder wissenschaftliche Perspektiven auszuschließen, oder das Unterrichten von Theorien, die nicht wissenschaftlich begründet sind.

Zu den Mechanismen gehören die Auswahl von Materialien, die eine bestimmte Weltanschauung unterstützen, der Ausschluss alternativer Perspektiven und der Einsatz von pädagogischen Techniken, die kritisches Denken unterbinden. Diese Methoden zielen darauf ab, eine Uniformität des Denkens zu schaffen und die Fähigkeit des Einzelnen einzuschränken, Machtstrukturen zu hinterfragen oder herauszufordern.

Die Nutzung von Bildung als Manipulationsinstrument kann weitreichende Folgen für die Gesellschaft haben. Sie kann zu einer weniger informierten und weniger kritikfähigen Bevölkerung führen, was die Grundlagen einer demokratischen und offenen Gesellschaft schwächen kann.

Um Manipulationen in der Bildung entgegenzuwirken, ist es von entscheidender Bedeutung, ausgewogene und vielfältige Lehrpläne zu fördern, kritisches Denken und unabhängige Analysen zu unterstützen und den Zugang zu einer Vielzahl von Informationsquellen zu fördern. Die Bildung sollte darauf abzielen, informierte, kritische und engagierte Bürger zu entwickeln.

2. Bildungsreformen und Informationskontrolle

Bildungsreformen können genutzt werden, um Informationen zu kontrollieren und das Denken der jüngeren Generation zu beeinflussen. Veränderungen in den Lehrplänen, Unterrichtsmethoden und der Bildungspolitik können tiefgreifende Auswirkungen darauf haben, wie Informationen von Schülern wahrgenommen und verarbeitet werden.

Bildungsreformen können die Informationslandschaft in einer Gesellschaft erheblich umgestalten. Indem sie ändern, was und wie gelehrt wird, können die Entscheidungsträger die Perspektiven, Werte und Überzeugungen der Schüler beeinflussen. Diese Reformen können von der Hinzufügung neuer Inhalte bis hin zum Ausschluss bestimmter Themen oder

Die Schatten der Macht: Strategien zur Massenmanipulation

Perspektiven reichen.

Beispiele sind die Einführung von Kursen, die bestimmte Ideologien fördern, die Überarbeitung von Schulbüchern, um die Erzählung über historische Ereignisse zu verändern, oder die Auferlegung von Beschränkungen für den Unterricht in bestimmten wissenschaftlichen oder sozialen Themen.

Die Mechanismen hinter diesen Reformen können Zensur, Propaganda und die Förderung einseitiger Narrative umfassen. Diese Strategien werden oft mit Bildungszielen begründet, können aber auch politischen oder ideologischen Agenden dienen.

Die Informationskontrolle in der Bildung kann die Entwicklung des kritischen Denkens bei Schülern einschränken, da sie weniger in der Lage sind, Informationen unabhängig zu hinterfragen und zu analysieren. Dies kann auch Innovation und Kreativität behindern, indem es davon abhält, verschiedene Perspektiven und neue Ideen zu erforschen.

Um der Informationskontrolle in der Bildung entgegenzuwirken, ist es entscheidend, vielfältige Lehrpläne zu fördern, die eine Vielzahl von Perspektiven beinhalten. Die Förderung von kritischem Denken, unabhängiger Forschung und offenen Debatten im Unterricht kann dazu beitragen, gut informierte Bürger zu entwickeln, die zu unabhängigem Denken fähig sind.

Die Schatten der Macht: Strategien zur Massenmanipulation

Kapitel 8: Ermutigung zur Mittelmäßigkeit

1. Die Gefahren der Belohnung von Compliance

Sie ist eine gängige Praxis in vielen Aspekten der Gesellschaft, von der Bildung bis zum Arbeitsumfeld. Obwohl Konformität für Stabilität und Zusammenhalt sorgen kann, kann ihre übermäßige Belohnung Kreativität, kritisches Denken und Innovation ersticken.

Die Belohnung der Konformität tritt auf, wenn soziale Systeme oder Strukturen diejenigen wertschätzen und belohnen, die sich an etablierte Normen, akzeptierte Ideen oder erwartete Verhaltensweisen halten, oft auf Kosten derjenigen, die den Status quo in Frage stellen oder innovative Ansätze vorschlagen.

Im Bildungswesen kann sich dies in Benotungssystemen äußern, die standardisierte Antworten statt origineller Gedanken begünstigen. In der Berufswelt kann dies bedeuten, dass diejenigen, die sich strikt an die Firmenpolitik halten, schneller befördert werden, selbst wenn dies bedeutet, dass Chancen für Innovationen oder Verbesserungen übersehen werden.

Die Belohnung von Konformität kann zu einer Kultur der Uniformität führen, in der die Angst vor Misserfolg oder Ablehnung von Risikobereitschaft und Experimentierfreudigkeit abschreckt. Dies kann die persönliche und berufliche Entwicklung einschränken, die Vielfalt an Ideen und Perspektiven reduzieren und schließlich Fortschritt und Innovation bremsen.

In einem Umfeld, in dem Konformität stark belohnt wird, können Kreativität und Innovation erheblich behindert werden. Einzelpersonen können zögerlich werden, neue Ideen zu erforschen oder etablierte Ansätze herauszufordern, was sich negativ auf Wachstum und Entwicklung in verschiedenen Bereichen auswirken kann.

Um den Gefahren der Belohnung von Konformität entgegenzuwirken, ist es entscheidend, Umgebungen zu schaffen, in denen die Vielfalt des Denkens geschätzt und gefördert wird. Dazu gehört es, Innovationen anzuerkennen und zu feiern, kalkulierte Risiken zu unterstützen und eine Kultur zu fördern, in der Fragen und Herausforderungen als Möglichkeiten zum Lernen und zur Verbesserung gesehen werden.

2. Das Abdriften von akademischen Auszeichnungen und Forschung

Dieser Abschnitt konzentriert sich darauf, wie das System der akademischen und Forschungsbelohnungen manchmal in eine übermäßige Bewertung der Konformität abdriften kann und so die Forschungsrichtungen und die Entwicklung der akademischen Karrieren beeinflusst.

Im akademischen Bereich wird Erfolg oft an Veröffentlichungen in angesehenen Zeitschriften, dem Erhalt von Forschungsgeldern und der Anerkennung durch Fachkollegen gemessen. Obwohl diese Kriterien Spitzenleistungen fördern können, können sie auch eine gewisse Form der Konformität begünstigen, bei der Forscher dazu angehalten werden, den vorherrschenden Trends zu folgen, anstatt neue Ideen oder unkonventionelle Ansätze zu erforschen.

Ein bemerkenswertes Beispiel ist der "publish or perish"-Druck in der akademischen Welt, wo die Fähigkeit, häufig in Zeitschriften mit hohem Impact Factor zu veröffentlichen, zu einem Schlüsselkriterium für den Karriereaufstieg wird. Dieser Druck kann dazu führen, dass Forscher "sicheren" oder populären Themen den Vorzug vor riskanteren oder innovativeren Arbeiten geben.

Diese Dynamik kann sich negativ auf die Vielfalt und den Reichtum der akademischen Forschung auswirken. Forscher können weniger populäre oder umstrittene Themen meiden, was die Reichweite wissenschaftlicher Entdeckungen und das Verständnis komplexer Themen einschränken kann.

Das Auseinanderdriften der Belohnungen kann auch die Karrierewege von Akademikern beeinflussen. Forscher, die unkonventionelle Ansätze verfolgen oder sich in weniger anerkannten Forschungsbereichen engagieren, können in einem System, das die Konformität mit etablierten Normen wertschätzt, benachteiligt werden.

Um eine größere Vielfalt in der Forschung zu fördern, ist es wichtig, die Belohnungs- und Bewertungssysteme im akademischen Umfeld zu überdenken. Dies kann die Bewertung der Qualität und Originalität der Forschung statt der Quantität der Veröffentlichungen sowie die Unterstützung innovativer und interdisziplinärer Forschungsprojekte beinhalten.

Kapitel 9: Intimes Wissen als Macht

1. Die Macht der persönlichen Daten und der Überwachung

Im digitalen Zeitalter sind persönliche Daten zu einer wertvollen Ressource geworden, die beispiellose Möglichkeiten zur Überwachung, Kontrolle und Manipulation bietet.

Persönliche Daten, die von Konsumgewohnheiten bis hin zu Interaktionen in sozialen Netzwerken reichen, liefern detaillierte Informationen über Einzelpersonen. Diese Fülle an Informationen ermöglicht eine gründliche Analyse des Verhaltens, der Vorlieben und der Anfälligkeit von Personen, was für verschiedene Zwecke genutzt werden kann, die sowohl nützlich als auch schädlich sind.

Beispiele sind die Verwendung von Daten, um Werbung gezielt zu platzieren, das Verbraucherverhalten zu beeinflussen oder sogar die öffentliche Meinung zu manipulieren, wie es in einigen Skandalen um die Verwendung von Daten aus sozialen Netzwerken für politische Zwecke zu beobachten war.

Die Überwachung, die durch den Zugang zu persönlichen Daten erleichtert wird, ist zu einem mächtigen Werkzeug für Regierungen und Unternehmen geworden. Sie ermöglicht eine detaillierte Verfolgung der Aktivitäten von Einzelpersonen und bietet die Möglichkeit, ihre Handlungen vorherzusagen, zu

Die Schatten der Macht: Strategien zur Massenmanipulation

beeinflussen oder zu kontrollieren.

Die Verwendung von persönlichen Daten und die Überwachung werfen wichtige ethische und soziale Fragen auf. Dies betrifft die Privatsphäre, die persönliche Freiheit und das Potenzial, Menschen in einem nie dagewesenen Ausmaß zu manipulieren und zu kontrollieren.

Um personenbezogene Daten zu schützen, sind strenge Vorschriften für die Erhebung, Nutzung und Weitergabe von Daten von entscheidender Bedeutung. Darüber hinaus sind die Sensibilisierung von Einzelpersonen für den Umgang mit ihren persönlichen Daten und die Förderung robuster Datenschutzpraktiken von entscheidender Bedeutung, um potenziellem Missbrauch entgegenzuwirken.

Wir müssen daran arbeiten, eine Gesellschaft aufzubauen, in der die Technologie dem öffentlichen Interesse dient, ohne die Grundrechte zu gefährden.

2. Massenüberwachung und der Schutz der Privatsphäre

Mit dem Aufkommen digitaler Technologien ist die Massenüberwachung zu einer allgegenwärtigen Realität geworden, die entscheidende Fragen zur Privatsphäre und zu den persönlichen Freiheiten aufwirft.

Massenüberwachung bezieht sich auf das Sammeln, Analysieren und Speichern großer Mengen persönlicher Daten durch Regierungen oder Unternehmen. Dazu gehört häufig die Überwachung von Online-Kommunikation, Aktivitäten in sozialen Netzwerken, Reisen und Konsumgewohnheiten.

Prominente Beispiele sind u. a. die von Whistleblowern wie Edward Snowden aufgedeckten Überwachungsprogramme, die

Die Schatten der Macht: Strategien zur Massenmanipulation

das Ausmaß der Überwachung durch Regierungsbehörden wie die NSA in den USA ans Licht gebracht haben. Ebenso sammeln Technologieunternehmen riesige Mengen an Daten über ihre Nutzer, oftmals zu Werbe- oder kommerziellen Zwecken.

Die Massenüberwachung hat tiefgreifende Auswirkungen auf die Privatsphäre. Sie kann zu einer Gesellschaft der "panoptischen Überwachung" führen, in der Einzelne ständig überwacht werden, wodurch ihre Meinungs- und Verhaltensfreiheit potenziell beeinflusst und eingeschränkt wird.

Die Massenüberwachung stellt liberale Demokratien vor große Herausforderungen. Sie kann zu einer Erosion des Vertrauens in öffentliche Institutionen, zu Selbstzensur unter den Bürgern und zu weniger Raum für öffentliche Debatten und abweichende Meinungen führen.

Um die Sicherheitsbedürfnisse und den Schutz der Privatsphäre gegeneinander abzuwägen, ist es entscheidend, robuste rechtliche und ethische Rahmenbedingungen zu schaffen. Dies bedeutet, klare Grenzen für die Überwachung zu setzen, eine angemessene Aufsicht und Transparenz zu gewährleisten und Technologien zu fördern, die die Privatsphäre respektieren.

Schlussfolgerung

Wir haben verschiedene Manipulationsstrategien erforscht, die von der Ablenkung und Umlenkung der Aufmerksamkeit über die Schaffung falscher Probleme, das Ansprechen von Emotionen, die Umwandlung von Rebellion in Schuldgefühle bis hin zum Einsatz von Erziehung und Überwachung als Kontrollinstrumente reichen. Jede dieser Taktiken hat ihre eigenen Nuancen und Anwendungsmöglichkeiten, aber alle haben ein gemeinsames Ziel: die Wahrnehmung und das Verhalten von Menschen zu beeinflussen.

Die Auswirkungen dieser Strategien auf die moderne Gesellschaft sind tiefgreifend und vielschichtig. Sie beeinflussen die Art und Weise, wie Informationen wahrgenommen und verarbeitet werden, prägen die öffentliche Meinung und können sogar politische und soziale Entscheidungen beeinflussen. In einigen Fällen tragen sie zu einer stärkeren Polarisierung, einem geringeren Vertrauen in die Institutionen und einer Aushöhlung der partizipativen Demokratie bei.

Manipulationsstrategien funktionieren nicht isoliert; sie interagieren oft miteinander und erzeugen kumulative Effekte. Beispielsweise kann Ablenkung eingesetzt werden, um die Aufmerksamkeit von einem falschen Problem abzulenken, während das Ansprechen von Emotionen die Reaktion auf das Problem verstärken kann. Diese Wechselwirkung macht die Erkennung und den Widerstand gegen Manipulation komplexer.

Technologie und Medien spielen eine entscheidende Rolle bei

der Erleichterung und Verstärkung dieser Strategien. Mit dem Aufkommen sozialer Netzwerke und personalisierter Algorithmen kann die Massenmanipulation gezielter und effektiver erfolgen, indem bestimmte Personen mit Botschaften erreicht werden, die so gestaltet sind, dass sie mit ihren Überzeugungen und Vorlieben in Resonanz gehen.

Um Manipulationen zu widerstehen, ist es von entscheidender Bedeutung, kritisches Denken zu entwickeln, sich für einen vielfältigen und reflektierten Informationskonsum einzusetzen und die Medienkompetenz zu fördern. Auch die Sensibilisierung für Manipulationstaktiken und die Förderung von Transparenz und Ethik in den Medien und in der Politik sind entscheidend.

Die Strategien der Massenmanipulation stellen eine bedeutende Herausforderung für die moderne Gesellschaft dar und beeinflussen die Art und Weise, wie wir unsere Welt wahrnehmen und mit ihr interagieren. Wenn wir diese Taktiken verstehen und Werkzeuge entwickeln, um ihnen zu begegnen, können wir an einer informierteren, kritischeren und widerstandsfähigeren Gesellschaft gegenüber Manipulationsversuchen arbeiten.

Aber was ist dann zu tun?

- Bildung spielt eine entscheidende Rolle bei der Abwehr von Manipulationen. Eine Bildung, die kritisches Denken, unabhängige Analysen und Medienverständnis fördert, versetzt die Bürger in die Lage, Manipulationsversuche zu erkennen und zu hinterfragen. Bildungsprogramme sollten Schulungen darüber beinhalten, wie man Informationsquellen bewertet und mögliche Verzerrungen versteht.

- Freie und unabhängige Medien sind für eine gesunde Demokratie unerlässlich. Sie dienen als Gegenmacht, indem sie Manipulationen aufdecken und vielfältige und ausgewogene Informationen liefern. Die Unterstützung unabhängiger Medien und der Schutz von Journalisten vor Zensur und Einschüchterung sind von grundlegender Bedeutung.

- Transparenz und Rechenschaftspflicht in der Regierungsführung sind die wichtigsten Gegenmittel gegen Manipulation. Regierungen sollten in ihrem Handeln transparent und gegenüber ihren Bürgern rechenschaftspflichtig sein. Dazu gehört auch die Einführung von Gesetzen und Regulierungen, um Offenheit und Rechenschaftspflicht zu gewährleisten, insbesondere in manipulationsanfälligen Bereichen wie Wahlen und politischen Kampagnen.

- Die aktive Beteiligung der Bürger an demokratischen Prozessen ist eine lebenswichtige Verteidigung gegen Manipulation. Dies beinhaltet nicht nur das Wählen, sondern auch das Engagement in der öffentlichen Debatte, die Teilnahme an Bürgerorganisationen und die Ausübung von Bürgerwachsamkeit.

- Die Regulierung von Technologien und persönlichen Daten ist eine weitere wichtige Verteidigungsmaßnahme. Es müssen Gesetze und Richtlinien eingeführt werden, um die Privatsphäre der Bürger zu schützen, die Nutzung persönlicher Daten durch Unternehmen und Regierungen zu regulieren und den Missbrauch durch Überwachung zu verhindern.

- Die Stärkung demokratischer Institutionen ist entscheidend, um Manipulationen zu widerstehen. Dazu gehören die Aufrechterhaltung unabhängiger Justizsysteme, die Förderung fairer Wahlsysteme und die Unterstützung von Regierungsstrukturen, die Korruption und unzulässiger Einflussnahme widerstehen.

Die Verteidigung gegen Massenmanipulation in einer Demokratie erfordert eine konzertierte Anstrengung von Regierungen, Medien, Bildungseinrichtungen und vor allem von den Bürgern selbst. Durch die Kultivierung einer informierten, kritischen und engagierten Gesellschaft können wir unsere Demokratien vor manipulativen Einflüssen schützen und die Grundsätze der Freiheit und Fairness bewahren, die das Herzstück demokratischer Regierungsführung bilden.

Anhänge

1. Chronologie der Techniken zur Massenmanipulation:

Diese historische Perspektive hilft zu verstehen, wie sich diese Techniken entwickelt und an die sich verändernden sozialen, politischen und technologischen Kontexte angepasst haben.

Antike und Mittelalter

<u>Rhetorik und Beredsamkeit</u>: Einsatz überzeugender Reden durch Redner und Politiker, um die Menge zu beeinflussen.
<u>Religion und Mythen</u>: Einsatz religiöser und mythologischer Erzählungen, um Werte zu vermitteln und soziales Verhalten zu steuern.

Renaissance und Moderne

<u>Kaiserliche Propaganda</u>: Einsatz von Symbolen, Kunst und Literatur zur Förderung kaiserlicher und nationaler Ideale.
<u>Beginn der Printmedien</u>: Zeitungen und Pamphlete beginnen damit, die öffentliche Meinung zu politischen und sozialen Themen zu beeinflussen.

Die Schatten der Macht: Strategien zur Massenmanipulation

19. Jahrhundert

<u>Industrialisierung und Werbung</u>: Entstehung der modernen Werbung; Einsatz von Überzeugungstechniken zur Beeinflussung von Konsumentscheidungen.

<u>Nationalismus und Propaganda</u>: Verstärkter Einsatz von Propaganda zur Förderung von Nationalismus und staatlichen Interessen.

Anfang des 20. Jahrhunderts

<u>Propaganda in den Weltkriegen</u>: Intensiver Einsatz von Propaganda während der Weltkriege, um die nationale Unterstützung zu mobilisieren und den Feind negativ darzustellen.

<u>Radio und Film</u>: Der Aufstieg von Radio und Film bietet neue Möglichkeiten, manipulative Botschaften in großem Stil zu verbreiten.

Mitte des 20. Jahrhunderts

<u>Kalter Krieg und Propaganda</u>: Einsatz von Propaganda auf beiden Seiten des Eisernen Vorhangs, um kapitalistische und kommunistische Ideologien zu fördern.

<u>Fernsehen:</u> Das Fernsehen wird zu einem wichtigen Instrument der Massenkommunikation, das für Werbung und politische Propaganda eingesetzt wird.

Ende des 20. Jahrhunderts

Die Schatten der Macht: Strategien zur Massenmanipulation

<u>Werbung und Marketing</u>: Zunehmende Sophistizierung von Marketing- und Werbetechniken, die auf die Wünsche und Gefühle der Verbraucher abzielen.

<u>Massenmedien</u>: Konzentration der Medien und Nutzung dieser Plattformen zur Beeinflussung der öffentlichen Meinung.

Anfang des 21. Jahrhunderts

<u>Internet und soziale Netzwerke</u>: Das Wachstum des Internets und der sozialen Netzwerke eröffnet neue Wege für die Massenmanipulation, insbesondere durch personalisierte Zielgruppenansprache und die Verbreitung von Falschmeldungen.

<u>Massenüberwachung</u>: Entwicklung von Überwachungstechnologien, die eine massenhafte Sammlung und Analyse persönlicher Daten ermöglichen.

Aktuelle Epoche

<u>Algorithmische Manipulation</u>: Einsatz von Algorithmen zur Personalisierung und Filterung von Informationen, wodurch Wahrnehmung und Verhalten subtil beeinflusst werden.

<u>Desinformation und Fake News</u>: Verbreitung von Falschmeldungen und Desinformationskampagnen, die sich soziale Netzwerke zunutze machen, um die öffentliche Meinung in großem Umfang zu beeinflussen.

Die Schatten der Macht: Strategien zur Massenmanipulation

Diese Chronologie zeigt, wie sich die Techniken der Massenmanipulation weiterentwickelt haben und sich an den technologischen Fortschritt und die gesellschaftlichen Veränderungen angepasst haben, wobei einige grundlegende Prinzipien der Überredung und Beeinflussung beibehalten wurden.

2. Glossar der Begriffe zur psychologischen und medialen Manipulation:

Dieses Glossar enthält Definitionen für Schlüsselbegriffe im Zusammenhang mit psychologischer und medialer Manipulation und hilft dabei, die im Laufe des Buches besprochenen Konzepte zu klären und zu verstehen.

- **Agenda-Setting**: Theorie, nach der die Medien die Bedeutung, die Themen in der öffentlichen Meinung beigemessen wird, beeinflussen, indem sie auswählen, über welche Themen sie wie oft berichten.

- **Confirmation Bias**: Die Tendenz, Informationen auf eine Weise zu bevorzugen, zu suchen, zu interpretieren und zu erinnern, die bereits bestehende Überzeugungen oder Annahmen bestätigt.

- **Desinformation**: Die bewusste Verbreitung falscher oder irreführender Informationen mit dem Ziel, die öffentliche Meinung zu manipulieren oder einen Gegner zu verwirren.

- **Kammerecho**: Eine Situation, in der Informationen, Ideen oder Überzeugungen durch Kommunikation und

Wiederholung innerhalb eines definierten Systems vergrößert oder verstärkt werden, oft unter Ausschluss anderer Perspektiven.

- **Primacy-Effekt**: Die Tendenz, sich an Informationen zu erinnern und ihnen mehr Bedeutung beizumessen, die in einer Liste oder Sequenz zuerst präsentiert werden.

- **Framing**: Präsentation einer Information auf eine Weise, die die Wahrnehmung oder die Reaktion des Publikums beeinflusst. Framing kann bestimmte Aspekte eines Themas hervorheben, während andere ausgeblendet werden.

- **Bezugsgruppe**: Eine Gruppe, mit der sich eine Person identifiziert und die ihre Einstellungen und Verhaltensweisen stark beeinflusst.

- **Social Engineering**: Manipulation von Personen, damit sie vertrauliche Informationen preisgeben oder auf eine Weise handeln, die ihren eigenen Interessen zuwiderläuft.

- **Brainwash**: Ein Prozess der psychologischen Manipulation, oft mit Zwangsmitteln, der darauf abzielt, die Überzeugungen oder das Verhalten einer Person zu ändern.

- **Propaganda**: Verwendung verzerrter oder irreführender Botschaften, um eine bestimmte Ideologie oder politische Position zu fördern.

- **Crowd Psychology**: Untersuchung des Verhaltens von Individuen, wenn sie sich in einer Gruppe befinden; wird häufig verwendet, um zu verstehen, wie Meinungen und Handlungen in sozialen Kontexten beeinflusst werden können.

- **Emotionale Resonanz**: Die Fähigkeit einer Botschaft oder eines Bildes, beim Publikum eine starke emotionale Reaktion hervorzurufen.

- **Rhetorik**: Die Kunst, andere durch Reden zu überzeugen oder zu beeinflussen.

- **Informationsüberlastung**: Ein Phänomen, bei dem eine Person mit mehr Informationen konfrontiert wird, als sie verarbeiten kann, was zu einer weniger effektiven Entscheidungsfindung oder einer leichteren Manipulation führen kann.

- **Cultivation Theory**: Theorie, die nahelegt, dass eine längere Medienexposition die Realitätswahrnehmung des Zuschauers prägen kann.

Dieses Glossar soll eine solide Grundlage für das Verständnis der verschiedenen Aspekte der psychologischen und medialen Manipulation bieten und so eine tiefergehende und kritische Analyse der im Buch besprochenen Strategien erleichtern.

3. Bibliografie :

Die Schatten der Macht: Strategien zur Massenmanipulation

- <u>Moderne Propaganda: 80 Methoden der Meinungslenkung</u> - Johannes Menath. Propaganda beeinflusst unser Denken und Handeln subtil in Werbung, Politik und Medien. Dieses Buch sammelt umfassend relevante Methoden und Techniken.

- <u>Die Konsensfabrik: Die politische Ökonomie der Massenmedien</u> - Edward S. Herman und Noam Chomsky. Medien formen durch ökonomische Bedingungen Konsens, der politischen Interessen dient. "Manufacturing Consent" analysiert kritisch diese Mechanismen.

- <u>Psychologie der Massen</u> - Gustave Le Bon. Ein Klassiker der Sozialpsychologie, der erforscht, wie Individuen in Gruppen anders handeln als isoliert.

- <u>Die Kunst, Recht zu behalten</u>: Eristische Dialektik - Arthur Schopenhauer. Erforschung von Argumentationsstrategien und Überredungstaktiken.

- <u>Die Gesellschaft des Spektakels</u> - Guy Debord. Philosophische und kritische Analyse der zeitgenössischen Gesellschaft und ihrer Beziehung zu den Medien und der Massenkultur.

- <u>Die Macht der Gewohnheit: Warum wir tun, was wir tun</u> - Charles Duhigg. Untersuchung des Einflusses von Gewohnheiten auf das Verhalten von Einzelpersonen und Gruppen und ihres Manipulationspotenzials.

- <u>Interaktionsspiele bei Psychopathie: Antisoziale Manipulation erkennen und konstruktiv bewältigen</u> - Rainer Sachse, Fritjof von Franqué. Das Buch bietet Strategien, um manipulatives Verhalten von Personen mit Psychopathie zu erkennen und zu bewältigen.

Diese Referenzen bieten eine Vielzahl von Perspektiven und Ansätzen zu den in diesem Buch behandelten Themen. Ich möchte Sie ermutigen, diese und andere Ressourcen für ein tieferes und differenzierteres Verständnis zu erkunden.

ÜBER DEN AUTOR

Da ich aus einem wissenschaftlichen Umfeld komme, werde ich ständig von den faszinierenden Rätseln des Universums angeregt. Meine Neugier, die weit über meine akademische Laufbahn hinausgeht, leitet mich unermüdlich auf meiner Suche nach Antworten und Verständnis.

Ich bin zutiefst von der Vielfalt der Themen gefesselt, die die komplexe Realität unserer Welt weben. Mein Ziel ist es, die Geheimnisse des Universums zu entschlüsseln - ein ebenso großes wie begeisterndes Ziel. Dennoch bin ich mir bewusst, dass die Kürze des menschlichen Lebens unsere Fähigkeit einschränkt, alle Feinheiten zu entschlüsseln und alle Fragen zu beantworten, die sich uns in den Weg stellen.

Diese Erkenntnis, dass es unendlich viel Wissen zu erforschen gibt, bestimmt meinen täglichen Ansatz. Jeder Tag ist eine Gelegenheit, Wissen zu erwerben, das Erreichte in Frage zu stellen und über die verborgenen Wunder unserer Welt zu staunen.

Vor diesem Hintergrund ist dieses Buch mein bescheidener, aber leidenschaftlicher Beitrag zu einem großen und faszinierenden Gebiet. Es soll nicht nur einige weniger bekannte Aspekte beleuchten, sondern auch meine Analysen und Überlegungen zu den aktuellen Geschehnissen in der Welt um uns herum mitteilen. Ich hoffe, dass diese Seiten zu einer tieferen Erforschung ungelöster Fragen anregen, die intellektuelle Neugier meiner Leser stimulieren und sie dazu einladen, sich mir bei der kontinuierlichen Erkundung unserer dynamischen und sich ständig verändernden Realität anzuschließen.